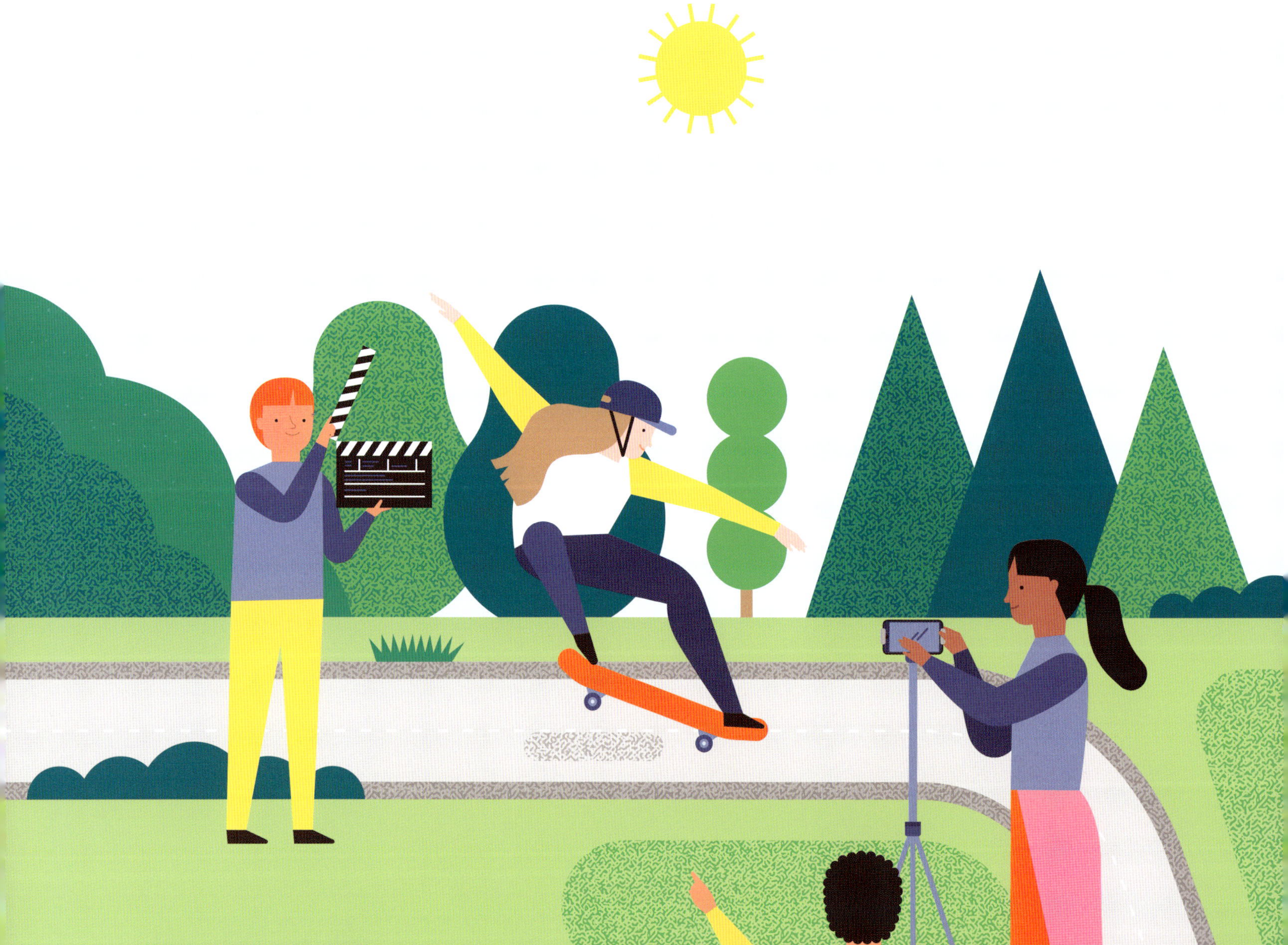

최고의 배우가 되는 방법

해나 뉴 글 · 솔 리네로 그림 · 박정화 옮김

처음 펴낸날 · 2025년 7월 30일
펴낸이 · 김금순
펴낸곳 · 바나나북
출판등록 · 제2013-000080호
주소 · 서울 광진구 천호대로 709-9 음연빌딩 2층
전화 · (02)716-0767   팩스 · (02)716-0768
이메일 · ibananabook@naver.com
블로그 · www.bananabook.co.kr

HOW TO BE AN ACTOR AND OTHER FILM AND TV JOBS

First published 2025 by Nosy Crow Ltd of
Wheat Wharf, 27a Shad Thames London, SE1 2XZ, UK
Text Copyright © Hannah New 2025
Illustrations Copyright © Sol Linero 2025
Translation Copyright © 2025 DNB Story Co, Bananabook
This translation of How to Be an Actor and Other Film and TV Jobs is published by arrangement with Nosy Crow
Limited through KidsMind Agency, Korea.
All rights reserved.

이 책의 한국어판 저작권은 키즈마인드 에이전시를 통해 Nosy Crow와 독점 계약한 디엔비스토리(도서출판 바나나북)에 있습니다. 신 저작권법에 의해 한국 내에서 보호를 받는 저작물이므로 무단 전재와 무단 복제를 금합니다.
KC마크는 이 제품이 공통안전기준에 적합하였음을 의미합니다.
ISBN 979-11-88064-56-4 74190

| 차 례 |

배우란 무엇일까요?	4
왜 배우가 필요할까요?	6
연기, 영화 및 텔레비전의 역사	8
배우는 어떻게 될 수 있을까요?	10
배우는 어떤 기술이 필요할까요?	12
배우는 어떻게 역할을 얻을까요?	14
촬영 현장에서 배우의 하루는 어떨까요?	16
영화 및 텔레비전과 관련된 직업에는 무엇이 있을까요?	18
계획을 세우고 준비하는 것을 잘하나요?	20
패션, 예술 또는 디자인을 좋아하나요?	22
카메라와 기술을 좋아하나요?	24
스턴트팀에서 일하는 건 어떨까요?	26
영화나 텔레비전 방송은 어떻게 편집될까요?	28
영화 및 방송 관련 직업이 더 있을까요?	30
여러분도 할 수 있어요!	33

배우란 무엇일까요?

배우는 자신의 몸, 목소리, 상상력을 이용해 영화나 드라마, 연극 속에 등장하는 캐릭터에 생명을 불어넣어요.

배우가 연기하는 캐릭터는 실제 인물일 수도 있고, 상상 속의 인물일 수도 있으며, 심지어 동물이나 판타지 속 생물일 수도 있어요. 배우는 캐릭터마다 억양이나 말투를 달리해 말하거나, 걸음걸이를 바꾸고 다양한 몸짓이나 표정을 사용해 다양한 캐릭터로 변신하며 이야기를 전달해요. 배우는 다양한 사람들과 함께 일한답니다.

의상 디자이너

조명 감독

메이크업 아티스트

배우는 영화, 드라마, 뮤지컬부터 극장과 박물관, 심지어 테마파크까지 여러 장소에서 일할 수 있어요. 이야기가 과거를 배경으로 한다면, 성이나 오래된 저택에서 연기해야 하고, 특정한 기후를 배경으로 한다면 정글, 해변, 사막, 눈 덮인 산으로 여행을 떠나 연기를 할 수도 있어요.

감독

촬영 감독

알고 있었나요?

배우는 나이 제한이 없어요. 영화에 출연한 가장 나이 많은 배우는 114세였어요!

왜 배우가 필요할까요?

영화와 텔레비전 방송을 보는 것은 재미있지만 왜 배우가 필요할까요?

옛날부터 사람들은 연기와 이야기를 통해 세상을 어떻게 살아가야 하는지와 같은 우리 **삶에 대해 생각해 볼 수 있는 커다란 질문**을 던져 왔어요. 연기와 이야기는 중요한 정보를 여러 세대에 걸쳐 전달하는 방법이 되기도 했어요. 특히 옛날에 문자가 없는 사회에서는 더 그랬지요.

사람들은 배우의 연기를 함께 보면서 여러 감정을 느끼고 이런 감정들을 나누면서 서로 더 끈끈해질 수 있어요. **재미있는 영화나 코미디**에서 느끼는 기쁨과 웃음이든 **비극적인 드라마**에서 느끼는 슬픔이든 말이죠.

우리는 드라마의 슬픈 장면을 보며 함께 울어요.

배우는 나와 다른 사람의 삶이 어떻게 다른지 연기를 통해 알 수 있게 해 줘요. 다른 배경과 문화를 가진 사람들, 또는 생각이 다른 사람들의 이야기를 드라마나 영화 속 장면들을 통해 전달해요.

알고 있었나요?
전 세계에는 각기 다른 문화와 개성을 가진 수백 개의 영화사 및 방송국이 있어요.

배우는 영화, 텔레비전 방송, 그리고 연극을 통해 우리가 다른 사람의 입장을 이해하도록 도와줘요. 더 친절하고 너그러운 사회가 될 수 있도록 말이지요.

연기, 영화 및 텔레비전의 역사

고대 아프리카의 마스크와 아시아의 마임, 춤, 인형극 등을 했던 기록을 통해 사람들이 수천 년 전부터 공연을 해 왔다는 것을 알 수 있어요.

최초의 배우로 기록된 사람은 고대 그리스의 테스피스였어요. 그의 이름을 기려 배우, 연기자를 뜻하는 '테스피안'이라는 용어가 유래했어요.

연극이 엄청난 인기를 끌었고, 셰익스피어가 속해 있던 영국 런던의 '글로브'와 같은 극장은 최대 3,000명까지 들어갈 수 있었어요.

토머스 에디슨과 윌리엄 딕슨이 '키네토스코프'라는 최초의 영화 영사 장치를 공개했어요.

| 기원전 560년 | 서기 713년 | 1600년대 | 1834년 | 1889년 | 1895년 |

중국 당나라의 현종이 자신의 궁정에 최초의 연기자 양성 학교를 세웠어요.

윌리엄 조지 호너가 '조이트로프'를 발명했어요. 원통 안에 이미지를 넣고 회전시키면 이미지들이 움직이는 것처럼 보이죠

세계 최초로 뤼미에르 형제가 파리에서 대중들에게 영화를 선보였어요. 소리 없이 화면으로만 이야기가 전달되는 흑백 무성 단편 영화였지요.

알고 있었나요?
최초의 아카데미 시상식(오스카 시상식)은 1929년에 열렸어요.

일본에서 가정용 비디오가 발명되어 사람들이 집에서 텔레비전으로 영화를 볼 수 있게 되었어요.

컬러로 영화를 촬영할 수 있는 '테크니컬러' 기법이 발명되었고 점차 발전되어 1930년대에 널리 사용되었어요. 이 기법을 처음으로 사용한 영화 중 하나가 1939년에 미국에서 만든 『오즈의 마법사』였어요.

영화의 황금기가 시작되었고, 이때부터 영화는 소리와 색을 갖추게 되었어요. 전 세계에 수많은 영화관이 지어졌고 어떤 영화관은 3,000명 이상이 들어갈 수 있었어요.

| 1916년 | 1926년 | 1930년대 | 1940년대 | 1976년 | 1980년대 |

스코틀랜드의 엔지니어인 존 로지 베어드가 '텔레바이저'라는 최초의 텔레비전을 발명했어요.

제2차 세계 대전 이후 많은 사람들이 텔레비전을 사면서 텔레비전 방송이 활발히 만들어졌어요. 어린이 방송도 그중 하나였죠.

영화가 디지털 방식으로 편집되기 시작했고 특수 효과도 점점 더 발전했어요!

배우는 어떻게 될 수 있을까요?

배우가 되는 방법은 아주 많고 나이에 상관없이 시작할 수 있어요!

극단에 참여하거나 연기 학원을 다닐 수 있어요.
학교의 연극반이나 지역의 극단, 혹은 연기 학원에서 연기를 배울 수 있어요. 이야기를 전달하기 위해 다른 사람들과 어떻게 호흡을 맞춰야 하는지 물론 연기와 노래, 춤도 배울 수 있어요.

무대, 텔레비전, 영화에서 **배우들이 연기하는 모습을 보는** 것도 좋아요. 다양한 상황을 어떤 표정, 몸짓, 목소리로 역할을 표현하는지, 그리고 어떻게 관객의 감정을 이끌어 내는지 배우들을 관찰해 보세요.

대본을 읽어 봐요.
대본은 배우가 연기할 역할의 길잡이예요. 대본 속 대사와 지문을 통해 자신만의 캐릭터로 만들어야 해요.

나만의 연극이나 영화를 만들어요. 가족과 친구들을 위해 공연이나 영화를 준비해 선보이는 건 어떨까요? 배우와 소품 배치, 카메라 사용법뿐 아니라 영화 편집을 배울 수 있는 훌륭한 방법이에요.

> **알고 있었나요?**
> 영화를 만들기 위해 비싼 카메라 장비를 살 필요는 없어요. 동영상을 찍을 수 있는 휴대 전화라면 어떤 것이든 사용할 수 있어요!

예술 고등학교의 연기과에 지원해 배우 수업을 받을 수 있어요. 보통 예술 고등학교에 입학하기 위해서는 오디션을 봐야 해요. 가능성을 보는 것이기 때문에 너무 어렵게 생각하지 않아도 된답니다.

배우로서 일을 시작하는 방법은 아주 다양해요. 드라마나 영화에서 눈에 띄지 않는 **보조 출연자 (엑스트라)**로 시작하기도 하고, 단편 영화와 같은 영화 전공 학생들의 작품에 출연할 수도 있어요. 독립 영화에 참여할 수도 있고요. 더 **많은 경험을 할수록** 더 다양한 역할을 맡을 수 있어요.

배우는 어떤 기술이 필요할까요?

배우에게 몸과 감정 그리고 목소리는 중요한 도구예요. 이 도구들은 나이에 상관없이 언제든 활용할 수 있고, 연습하면 연습할수록 더 발전할 거예요.

배우는 먼저 맡은 역할의 목소리가 어떨지 고민해요. 그 역할의 어린 시절은 어땠을지, 어디에서 자랐는지 그리고 어떻게 살아왔는지 상상해 역할에 맞는 목소리를 찾아내요.

그러고 나서 맡은 역할의 억양, 말의 리듬, 목소리 크기 등을 결정해요. 때에 따라 역할에 맞는 목소리를 찾기 위해 보이스 코치와 함께 훈련하기도 해요.

몸을 움직이는 방식인 **몸짓 언어**는 연기를 할 때 아주 중요해요. 배우는 역할의 움직임에 대해 매우 신중하게 생각해야 해요. 역할을 이해하고 몸짓으로 표현하기 위해 다음과 같은 질문을 던지기도 해요.

자신감이 넘치는 사람, 슬픈 사람, 혹은 흥분한 사람은 어떻게 움직일까?

과거에 일어난 어떤 일이 캐릭터의 움직임을 변하게 만들었다면?

캐릭터가 하는 일이 움직임에 어떤 영향을 미칠까?

배우는 맡은 역할의 모든 대사를 외워야 하며 이는 오랜 시간이 걸릴 수 있어요. 배우는 기억력을 높이기 위해 열심히 훈련해요.

알고 있었나요?
뮤지컬이나 뮤지컬 영화에 출연하는 배우는 노래와 춤이 뛰어나야 해요.

배우는 자신이 맡은 역할을 위해 다른 나라나 시대에 대해 배워야 할 수도 있어요. 말타기, 악기 연주, 요리, 새로운 언어, 스쿠버 다이빙, 무술과 같은 **새로운 기술을 배워야 할 수도** 있어요.

배우가 되기 위해서는 **다른 사람의 의견을 잘 받아들이고 정확하게 소통하며 다른 사람들과 잘 어울리는 것**이 중요해요. 때때로 촬영 현장에서 문제가 생기면 배우의 빠른 대처가 필요할 수 있어서 **풍부한 상상력과 열린 마음**을 갖는 것도 도움이 되지요!

배우는 어떻게 역할을 얻을까요?

많은 배우가 작은 연극 공연이나 학생들이 만든 단편 영화로 경력을 쌓기 시작해요.
더 큰 역할을 얻기 위해서는 소속사나 매니저를 찾아야 하지요.

소속사는 배우가 일자리를 찾는 데 도움을 주고 **매니저**는 배우의 일상적인 업무를 도우며 어떤 역할이나 일이 배우를 더 발전시킬지 조언해요. 소속사와 매니저는 배우가 정당한 보상을 받고 부당한 일을 겪지 않도록 함께 노력해요.

알고 있었나요?
배우는 종종 자신의 연극 공연에 소속사를 초대하거나 자신이 연기한 장면을 모아 놓은 짧은 영상을 소속사에 보내기도 해요.

소속사는 일반적으로 새로운 역할에 대해 가장 먼저 알게 돼요. 만약 그 역할이 소속된 배우에게 잘 맞다고 판단되면, 소속사는 영화나 텔레비전 프로그램에 출연할 배우를 찾는 **캐스팅 담당자**에게 배우의 정보를 전달하지요.
그러면 배우는 그 역할에 대한 **오디션**을 볼 수 있어요.

첫 번째 오디션은 보통 **셀프 테이프** 방식으로 진행돼요. 배우가 직접 자신이 연기한 모습을 촬영해 제출하는 거예요. 캐스팅 담당자는 제출된 모든 셀프 테이프를 보고, 그 역할에 잘 맞을 것 같다고 생각되는 배우들을 선택하지요.

캐스팅 담당자는 **배우에게 바로 역할을 제안**할 수도 있고 **다시 오디션**을 보자고 할 수도 있어요. 이 오디션은 또 다른 셀프 테이프일 수도 있고, 감독 앞에서 진행되는 오디션일 수도 있어요.

때때로 감독은 **케미스트리 리드**라고 하는 대면 오디션을 진행해 두 명 이상의 배우가 서로 잘 맞는지 확인하기도 해요.

모든 오디션에서 역할을 얻을 수 있는 것은 아니에요. 대부분의 배우는 역할을 얻기 전에 수많은 오디션을 본답니다. 중요한 점은 모든 오디션에서 무언가를 **배우고, 항상 긍정적인 생각을 유지**하고 계속 노력하며 무엇보다 자신만의 캐릭터를 창조하는 즐거움을 느끼는 거예요!

촬영 현장에서 배우의 하루는 어떨까요?

배우가 촬영 현장에서 보내는 하루는 대기 시간이 많아 매우 길 수 있지만 그만큼 아주 흥미롭기도 하답니다! 배우들이 촬영장에서 어떤 하루를 보내는지 살펴볼까요?

오전 6시: '콜 타임'(촬영장 도착 요청 시간)에 맞춰 촬영 현장 도착
촬영 현장에 도착하면 대기실로 안내를 받아요. 대기실에서 스트레칭을 하거나 목소리 상태를 확인하고 **콜시트**(촬영 일정표)와 **사이드**(대본의 일부)를 살펴봐요.

오전 6시 30분: 헤어 및 메이크업
헤어 및 메이크업 아티스트가 배우를 그날의 캐릭터로 분장하기 시작해요.

오전 7시 45분: 의상 착용
간단한 아침 식사 후, 의상 담당자는 배우의 의상을 입히고 음향팀에서는 마이크를 착용할 수 있도록 도와요.

오전 8시 30분: 촬영 연습 및 연출
감독과 배우들이 함께 대본을 읽으며 장면 속에서 어떻게 움직일지 의논해요.

오전 8시 45분: 리허설
실제 촬영에 들어가기 전 배우와 감독, 그리고 필요한 스태프들이 모여 장면의 움직임과 대사, 카메라 동선 등을 **미리 맞춰** 봐요. 연극 공연 전에 연습을 하는 것과 비슷해요.

오전 9시: 조명, 카메라, 액션!
보통 하나의 장면을 찍을 때, 여러 각도에서 다양한 조명으로 촬영해요. 한 장면을 종일 또는 여러 날에 걸쳐 촬영할 수도 있답니다! 또는 의상을 바꾸고 장소를 이동해 다른 장면을 촬영할 수도 있어요.

오후 1시: 컷!
헤어 및 메이크업 수정뿐 아니라 점심을 먹기 위한 휴식 시간이에요.

오후 6시: 촬영 종료!
촬영이 끝나면 의상을 벗고 헤어와 메이크업을 정리하는 **디리그**(메이크업, 헤어스타일 또는 가발 제거) 과정을 거친 후 집으로 돌아가지요.

오후 2시: 촬영 재개
촬영 현장으로 돌아가 다시 촬영을 이어 가요.

영화 및 텔레비전과 관련된 직업에는 무엇이 있을까요?

영화나 텔레비전 방송의 아이디어는 누가 떠올릴까요? 아이디어를 각본으로 바꾸는 데는 많은 사람이 참여하며 이들은 모두 제작팀이라는 하나의 팀으로 움직여요.

시나리오 작가는 스크립트, 즉 영화의 각본을 써요. 이들은 자신의 아이디어나 제작자가 제공한 아이디어를 바탕으로 글을 쓰지요.

방송국의 **편성 책임자**나 영화의 투자사는 방송이나 영화 제작에 필요한 예산을 승인하고 투자해요. 총괄 프로듀서와 함께 프로젝트를 기획하고 투자 규모를 결정하지요.

총괄 프로듀서는 영화와 방송 제작에 대해 전체적인 의사 결정을 내리는 사람이에요. 이야기의 아이디어를 떠올리고, 시나리오 작가를 찾아내며, 영화나 텔레비전 방송의 예산을 결정하고 모든 부서가 원활하게 작업할 수 있도록 조율해요. 제작자는 많은 사람으로 이루어진 팀의 도움이 필요하지요!

감독은 영화와 방송의 연출을 책임지는 촬영 현장의 지휘자예요. 배우에게 최고의 연기를 끌어내고, 최고의 장면을 촬영하는 거예요. 감독은 시나리오 작가에서 제작자에 이르기까지 모든 팀과 긴밀하게 협력해요.

캐스팅 담당자는 총괄 프로듀서, 감독과 함께 일하며 각 역할에 맞는 완벽한 배우를 찾아요. 캐스팅 담당자는 캐스팅 보조 직원의 도움을 받기도 해요.

알고 있었나요?

일부 영화나 텔레비전 방송은 소설이나 웹툰 등을 각색해요. 작가의 허락을 받아 시나리오로 변환하는 것이지요.

콘텐츠 기획자는 새로운 영화와 방송을 위한 아이디어를 구상해요. 이들은 항상 가장 흥미로운 주제와 장소, 사람들을 찾아내려고 노력하지요.

계획을 세우고 준비하는 것을 잘하나요?

제작팀은 영화나 드라마를 만드는 데 필요한 모든 돈과, 사람, 물품을 관리하는 팀이에요. 예산을 짜고, 스케줄을 맞추고, 촬영 현장이 잘 돌아가도록 일하지요.

조감독은 감독을 돕고 지원하며 촬영 일정을 계획해요. 촬영해야 할 모든 장면과 촬영 장소, 필요한 역할, 촬영에 드는 시간, 있어야 할 장비와 팀 등을 미리 준비해야 해요.

알고 있었나요?

제작팀은 출연 배우들이 촬영 현장에 잘 도착할 수 있도록 보조 출연자를 위한 버스도 준비해요.

제작부 실장은 예산에 맞춰 촬영팀을 고용하고 소통하는 일을 담당해요. 촬영이 안전하게, 제시간에, 예산 내에서 진행될 수 있도록 관리해요.

패션, 예술 또는 디자인을 좋아하나요?

그렇다면 미술팀에 도전해 보세요.
배우의 모자, 의상부터 세트장의 옷장에서 벽지까지 각 캐릭터와 장면이 어떻게 보일지 고민해야 해요.

의상 디자이너는 각 캐릭터에 맞는 의상을 구상해요.
의상 제작을 위해 자료를 모아 스케치를 그리고
옷과 액세사리 등을 직접 제작하거나 구매하지요.

의상 담당자는 배우가 의상을 잘 입을 수 있도록
도와줘요. 촬영 중에 의상이 잘 돋보이는지
손상되거나 구겨지거나 얼룩지지 않는지도
현장에서 확인해요.

헤어 및 메이크업 아티스트는 배우들의 캐릭터에
맞는 헤어와 메이크업을 연출해요. 촬영 중에
배우의 헤어나 메이크업이 흐트러지지 않도록
확인하고 수정하는 일도 하지요.

알고 있었나요?

메이크업 아티스트는
배우의 얼굴에 특수 재료로 만든
보형물을 붙인 다음 화장을 해서
배우의 얼굴 모양을 바꾸거나
다르게 보이게 할 수 있어요.

세트 제작팀은 목수, 페인트공, 조각가 등과 함께 촬영장 세트를 만들어요. 세트 디자이너가 설계한 대로 안전하게 세트를 지어요.

세트 디자이너는 미술 감독의 의견에 따라 세트의 구체적인 도면을 그리고 디자인해요.

세트 장식팀은 세트에 필요한 모든 가구와 장식품을 찾아요. 때로는 시각 효과팀과 협력하여 겨울의 장미 정원이나 여름의 스키장 같은 특수 환경을 만들기도 하지요!

소품 팀은 각 장면에 필요한 모든 소품을 만들고 구매하고 운반해요.

미술 감독은 대본을 바탕으로 분위기, 시대 배경, 등장인물의 성격을 고려해 촬영장의 세트, 의상, 소품, 분장 등 보이는 모든 시각적인 요소들의 디자인 방향을 결정하고 감독해요. 각 분야의 디자이너들과 협업하여 감독이 나타내고자 하는 바를 시각적으로 구현하지요.

카메라와 기술을 좋아하나요?

그렇다면 촬영팀에 도전해 보세요.
촬영팀은 카메라에서부터 음향, 조명에 이르기까지 촬영에 관한
모든 것을 담당해요.

촬영 감독은 감독과 긴밀하게 협력하여 장면이
완벽하게 촬영될 수 있도록 해요. 어떤 카메라와
렌즈를 사용할지, 필요한 조명의 양은 어느 정도인지
카메라를 어떻게 움직일지 결정해요.

디지털 영상 기술자는 촬영된 디지털 영상 데이터를
안전하게 관리하고 카메라의 화질과 색 등을 확인하고
보정해요.

초점 담당 기사는 촬영 현장에서 배우나
카메라의 움직임에 따라 실시간으로 초점을
조절해 정확하게 맞춰요.

그립팀은 카메라와 조명 장비를 안전하게 잘 움직일 수
있도록 만들어 줘요. 카메라를 수평 이동시키는 돌리,
카메라를 위아래로 이동시키는 크레인, 카메라맨이
움직이며 촬영하는 스테디캠, 삼각대 등을 준비하고
설치해요.

촬영 기사는 촬영 감독의
지시에 따라 영화나 방송의
장면을 직접 촬영해요.

음향 감독은 대사부터 효과음까지 모든 소리를 녹음하고 연출해요.

붐 마이크 담당은 '붐'이라고 하는 긴 기둥에 달린 마이크를 사용해 배우들이 말하는 대사를 녹음해요.

무선 마이크 담당은 배우들이 의상 속에 착용하는 작은 마이크를 담당해요.

알고 있었나요?
클래퍼보드를 사용해서 촬영 중인 각각의 장면을 표시해 두면 편집할 때 각 장면을 명확하게 구별할 수 있어요.

클래퍼보드 담당은 카메라를 테스트하며 배터리가 충전되어 있는지 확인하고 배우들의 위치를 바닥에 표시해요. 촬영이 시작되면 카메라 앞에서 촬영 장면의 정보가 담긴 클래퍼보드를 들고 감독이 "액션!"이라고 말할 때 클래퍼보드를 쳐요.

조명 감독은 각 장면의 분위기와 톤에 맞는 조명을 계획하고 촬영 현장에서 빛의 방향, 강도, 색 등을 섬세하게 조절해요.

조명 기사는 각 장면의 조명을 직접 설치하고 조절해요.

스턴트팀에서 일하는 건 어떨까요?

영화나 텔레비전 방송에서 폭발, 추락 또는 싸우는 장면을 본 적이 있나요? 이런 액션 장면들은 모두 스턴트팀의 노력으로 만들어져요.

일부 배우는 위험하고 아슬아슬한 스턴트 연기를 직접 연기하기도 해요. 하지만 너무 위험하거나 어려운 경우, **스턴트 배우**가 대신 연기해요. 스턴트 배우는 배우와 비슷한 외모로 분장하며 무술, 체조, 자동차 운전 등에 뛰어난 기술을 가지고 있어요.

알고 있었나요?
스키, 서핑, 스카이다이빙, 암벽 등반과 같은 매우 특별한 기술이 필요할 경우, 스포츠 챔피언이 일부 장면에 참여할 수 있어요.

배우가 다칠 경우를 대비해 항상 **의료진**이나 **응급 처치 팀**이 대기하고 있어요.

스턴트 코디네이터는 스턴트팀 전체를 책임져요. 스턴트가 어떻게 진행될지 미리 계획하고 안전하게 수행될 수 있도록 책임지며, 스턴트 대역을 찾는 일도 해요.

격투 코디네이터는 영화 스타일과 캐릭터의 특성에 맞는 격투 안무를 창작해요. 격투 장면을 전문적으로 담당해 액션 영화의 완성도를 높여요.

와이어 리거는 와이어, 하네스, 크레인 등 다양한 장비를 사용해 배우나 스턴트 배우를 공중에 매달거나 움직이게 만드는 전문가예요. 배우와 스턴트 배우가 하네스를 착용하도록 돕고 와이어에 연결해 크레인으로 들어 올리지요. 위험이 따르므로 안전하게 설치되었는지 꼼꼼하게 점검해야 해요.

총기를 사용하거나 폭발이 포함된 장면에서는 **특수 효과팀**이 배우와 협력하여 그 장면을 실제처럼 보이게 만들어요. 폭발, 화재, 눈, 바람 등 물리적인 효과를 현장에서 만들어 내지요.

영화나 텔레비전 방송은 어떻게 편집될까요?

영화나 텔레비전 방송의 촬영이 끝나면 편집팀이 편집을 통해 최종적인 작품을 완성해요!
이때 음악, 음향, 시각 효과 및 CG(컴퓨터 그래픽) 장면이 더해져요.

편집자는 특수한 편집 프로그램을 사용해 이야기의 흐름에 맞게 영상을 자르고 연결해요. 감독과 긴밀히 협력해 최종 영상을 감독이 원하는 방향에 맞게 작업해요.

ADR(후시 녹음) 편집자는 현장에서 제대로 녹음되지 않은 대사나 화면 밖에서 일어나는 대사를 녹음해요.

폴리 아티스트(음향 효과 전문가)는 발소리, 문이 닫히는 소리와 같은 일상적인 소리를 만들어요. 이러한 소리를 녹음하기 위해 특별한 방법을 사용해요. 예를 들어, 뼈가 부러지는 소리를 내기 위해 셀러리 줄기를 부러뜨리기도 한답니다!

음악 감독은 영화나 텔레비전 방송을 위한 음악을 만들어 장면을 더 무섭거나 슬프거나 흥미진진하게 표현해요.

더빙 믹서는 대사, 음악, 효과음, 배경음 등 사용된 모든 음향 요소를 적절한 비율로 섞어 최종 음향을 담당해요.

VFX(시각 효과)팀은 CG와 실제 영상을 결합하여 현실에 존재하지 않는 것들을 만들어 내요. 예를 들어, 토네이도가 들판을 가로지르거나 외계인이 지구를 침략하는 장면을 만들 수 있어요.

알고 있었나요?

그린 스크린을 사용하면 컴퓨터 그래픽 기술을 이용해 배우의 몸과 배경을 분리할 수 있어요. 초록색 배경을 흥미로운 가상의 배경으로 만들 수 있지요.

그린 스크린 앞에서 촬영할 때, 배우의 움직임도 표식으로 기록되어 추적할 수 있어요. 시각 효과팀이 이 정보를 바탕으로 컴퓨터 그래픽 기술을 사용해 배우의 얼굴과 몸에 이미지를 덧입혀요. 이러한 방식이 현재 대부분의 비디오 게임 제작에 활용되고 있어요.

애니메이션 영화를 제작할 때는 **애니메이터**가 3D 모델을 움직여 캐릭터에 생명을 불어넣어요. 배우의 목소리 연기에 맞춰 입 모양, 표정, 몸짓 등을 자연스럽게 연출하지요.

컬러 그레이더(색 보정 전문가)는 최종 영상의 색감을 조절해요. 각 장면의 분위기를 살리고 특정한 분위기를 연출해요.

1시간짜리 텔레비전 방송을 편집하는 데 최대 6주까지 걸릴 수 있어요! 시각 효과, 색 보정, 그리고 음향이 모두 추가된 **최종 버전**을 제작자와 방송위원회에 보내 확인해요. 이들이 만족하면 완성된 것이죠!

영화 및 방송 관련 직업이 더 있을까요?

영화와 텔레비전 방송을 만드는 데는 정말 많은 직업이 필요해요.
그중에 몇 가지를 소개할게요!

푸드 스타일리스트는 음식이 카메라 앞에서 맛있고 아름답게 보이도록 연출해요. 그것이 중세 시대에 왕이 먹던 음식이든, 길거리에서 먹는 피자 한 조각이든 말이에요.

출장 요리사는 촬영 현장에서 일하는 모든 사람을 위해 맛있는 음식을 준비해요.

자문위원은 특정 주제에 대해 잘 아는 사람이에요. 예를 들어 특정 시기의 역사나 기술, 직업 또는 화성에서 살면 정확히 어떤 느낌일지에 대한 의견까지도 제공해 줄 수 있어요.

영화 및 텔레비전 비평가는 영화나 방송 프로그램이 공개되기 전에 먼저 보고 자기 생각을 신문, 잡지 및 방송, 소셜 미디어를 통해 세상에 알려요.

영화나 방송에 춤이 들어가면 **안무가**가 춤을 구상해 배우들에게 가르쳐요.

동물을 좋아한다면 **동물 훈련사**에 도전해 보세요. 동물 훈련사는 영화나 방송에 출연하는 동물을 훈련하고 돌보는 일을 해요.

드론 카메라 기사는 드론에 카메라를 장착해 하늘 높이 또는 자동차처럼 빠르게 움직이는 물체 옆에서 촬영할 수 있는 전문가예요.

영화 및 방송 배급팀은 영화가 언제 개봉할지, 텔레비전 방송이 언제 시작될지 조율해요.

마케팅 및 홍보팀은 영화 개봉이나 텔레비전 방송을 앞두고 화제를 불러일으키는 일을 해요. 배우들의 인터뷰를 추진하고, 광고의 방송 일정을 잡고, 첫 상영회인 프리미어를 계획해요. 프리미어는 전체 출연진과 제작진이 완성된 작품을 보며 함께 축하하고 처음으로 공개하는 자리예요!

해나 뉴(Hannah New) 글
영국 런던에서 태어난 배우이자 제작자 겸 작가예요. 영국의 '유소년극단'에서 공연을 시작했어요. 대표작으로는 TV 시리즈 『블랙 세일즈』와 넷플릭스 시리즈 『브리저튼』이 있어요. 해나는 영화 제작에 대한 열정을 가지고 있으며, 특히 영화로 전하려고 하는 많은 이야기에 큰 관심이 있어요. 지금은 아일랜드 서부의 한 농장에서 파트너와 아이를 키우며 살고 있어요.

솔 리네로(Sol linero) 그림
부에노스아이레스 출신의 일러스트레이터이자 그래픽 디자이너예요. 책, 퍼즐, 보드북, 메모리 게임과 같은 어린이용 제품에 아름다운 그림을 그렸어요. 에이비엔비, 포터리반 키즈, 유니세프 및 오프라, 제이미 올리버, 와이어드, 워싱턴 포스트와 함께 일했어요.
https://nosycrow.com/contributor/sol-linero/

박정화 옮김
단국대학교 대학원에서 영문학을 전공하고 동대학원에서 영문학 박사 학위를 받았어요. 현재 단국대학교에서 강의를 하면서 어린이책 번역가로 활동하고 있어요. 옮긴 책으로 「시니 소마라 박사가 들려주는 직업 이야기 시리즈」, 『돌아온, 할머니는 도둑』 『물은 소중해요』 『플라스틱은 왜 지구를 해칠까요?』 『폭풍우 치는 날: 만화로 배우는 기후 이야기』 『우리가 화성에서 살 수 있을까요?』 『최고의 축구 선수가 되는 방법』 『최고의 수의사가 되는 방법』 『최고의 의사가 되는 방법』 등이 있어요.

여러분도 할 수 있어요!

배우가 되거나 영화 및 방송 제작과 관련된 일을 하고 싶다면 할 수 있는 일이 정말 많아요.
학교 연극이나 지역 극장 공연에 참여해 의상, 무대 디자인, 연출, 홍보 또는 연기까지 다양한 역할을 시도해 보세요.
또한 학원에 다니며 연기에 대해 배울 수도 있고, 친구들과 함께 단편 영화를 만들 수도 있고,
다른 사람의 헤어와 메이크업을 해 볼 수도 있고, 악기를 배우거나 대본을 써 볼 수도 있어요.
시작을 위해 필요한 건 열정과 결단력뿐이에요!
아래 사이트에서 정보를 얻을 수 있어요.

국립극단 https://www.ntck.or.kr
필름메이커스 https://www.filmmakers.co.kr
영화진흥위원회 https://www.kofic.or.kr
방송통신위원회 https://www.kcc.go.kr
한국영상자료원 https://www.koreafilm.or.kr
한국예술종합학교 https://www.karts.ac.kr
한국예술사관실용전문학교 http://www.kec.sc.kr